AF219168

Impressum
Verlag: BABADADA GmbH, Nedderfeld 112 , 22529 Hamburg
Geschäftsführer / Verlagsleitung: Harald Hof
Druck: Books on Demand GmbH, In de Tarpen 42, 22848 Norderstedt

Imprint
Publisher: BABADADA GmbH, Nedderfeld 112 , 22529 Hamburg, Germany
Managing Director / Publishing direction: Harald Hof
Print: Books on Demand GmbH, In de Tarpen 42, 22848 Norderstedt

die Schule
el colegio

das Klassenzimmer
el aula

dividieren
dividir

186/2

die Tafel
el pizarrón

der Schulhof
el patio de la escuela

der Lehrer
el maestro

das Papier
el papel

schreiben
escribir

der Stift
la birome

der Schreibtisch
el escritorio

das Lineal
la regla

das Buch
el libro

die Schüler
el alumno

der Ranzen

la mochila

die Federmappe

la caja de lápices

der Bleistift

el lápiz

der Bleistiftanspitzer

el sacapuntas

das Radiergummi

la goma (de borrar)

der Zeichenblock

el bloc de dibujo

die Zeichnung

el dibujo

der Pinsel

el pincel

der Malkasten

la caja de pinturas

die Schere

la tijera

der Klebstoff

el pegamento

das Übungsheft

el cuaderno de ejercicios

die Hausaufgabe

la tarea

die Zahl

el número

addieren

sumar

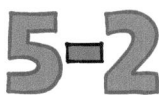

subtrahieren

restar

multiplizieren

multiplicar

rechnen

calcular

der Buchstabe

la letra

das Alphabet

el abecedario

hello

das Wort

la palabra

der Text

el texto

lesen

leer

die Kreide

la tiza

die Stunde

la lección

das Klassenbuch

el cuaderno de clase

die Prüfung

el examen

das Zeugnis

el certificado

die Schuluniform

el uniforme escolar

die Ausbildung

la educación

das Lexikon

la enciclopedia

die Universität

la universidad

das Mikroskop

el microscopio

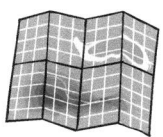

die Karte

el mapa

der Papierkorb

el tacho (de basura)

die Reise
el viaje

das Hotel
el hotel
Grand
die Herberge
el hostel
ROOMS
die Wechselstube
la casa de cambio
€CHANGE
der Koffer
la valija
das Auto
el auto

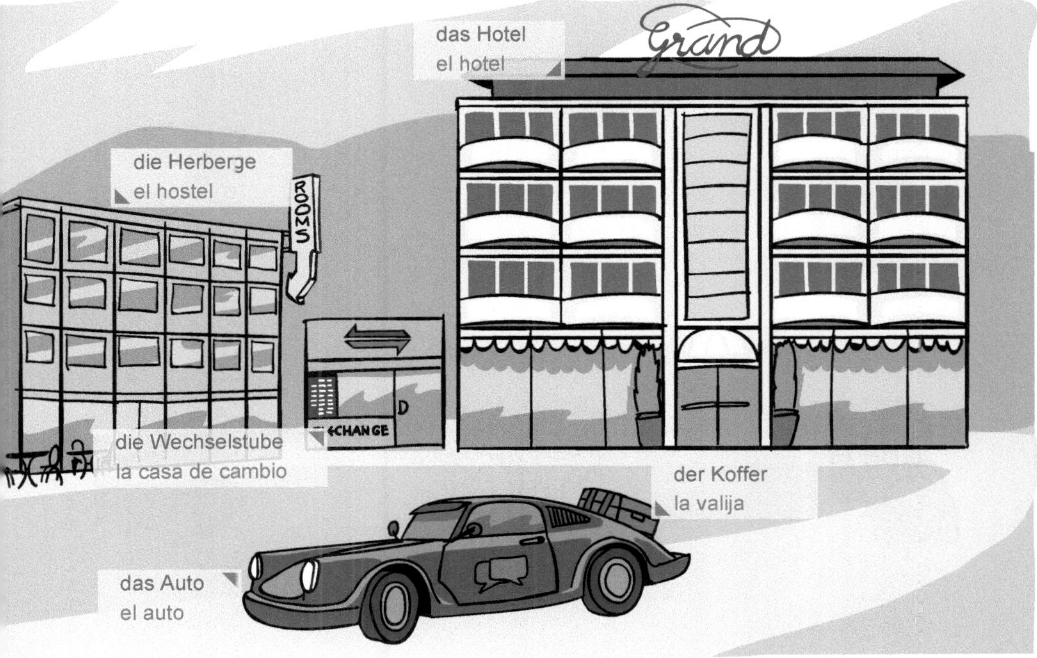

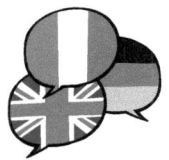

die Sprache

el idioma

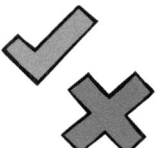

ja / nein

sí / no

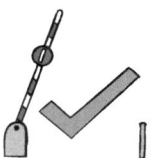

Okay

Está bien

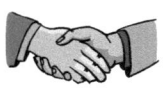

Hallo

hola

der Übersetzer

el traductor

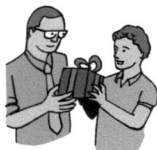

Danke

Gracias

Was kostet…?

¿cuánto cuesta…?

Ich verstehe nicht

No entiendo

das Problem

el problema

Guten Abend!

¡Buenas tardes!

Guten Morgen!

¡Buenos días!

Gute Nacht!

¡Buenas noches!

Auf Wiedersehen

el adiós

die Richtung

la dirección

das Gepäck

el equipaje

die Tasche

el bolso

der Rucksack

la mochila

der Gast

el invitado

das Zimmer

la habitación

der Schlafsack

la bolsa de dormir

das Zelt

la carpa

die Touristeninformation

la información turística

der Strand

la playa

die Kreditkarte

la tarjeta de créditc

das Frühstück

el desayuno

das Mittagessen

el almuerzo

das Abendessen

la cena

die Fahrkarte

el pasaje

der Fahrstuhl

el ascensor

die Briefmarke

el sello

die Grenze

la frontera

der Zoll

la aduana

die Botschaft

la embajada

das Visum

la visa

der Pass

el pasaporte

der Transport
el transporte

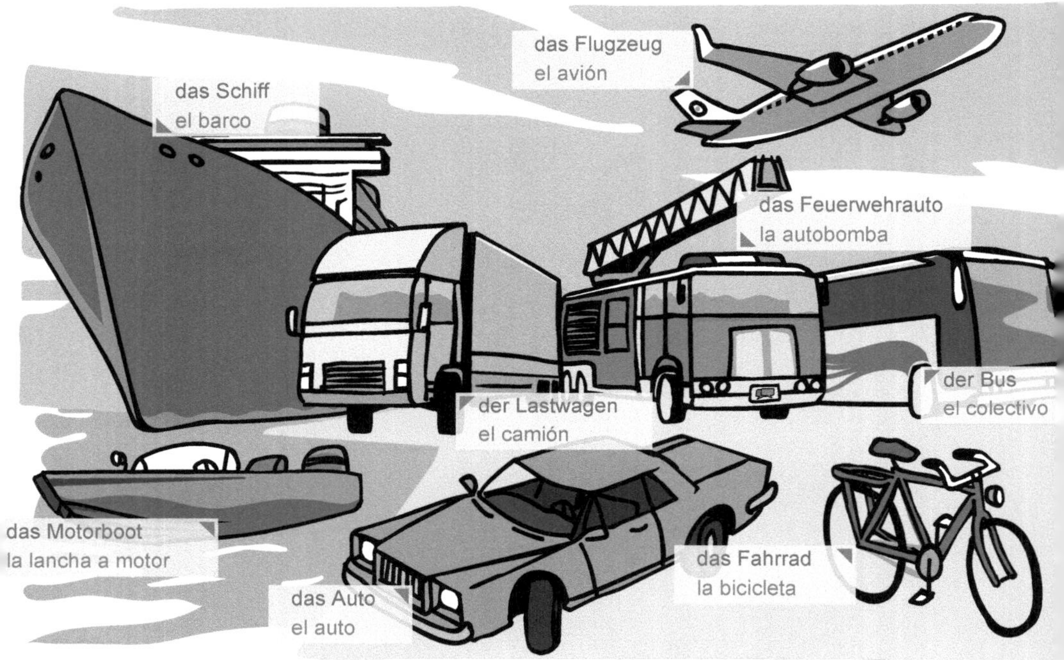

das Flugzeug
el avión

das Schiff
el barco

das Feuerwehrauto
la autobomba

der Lastwagen
el camión

der Bus
el colectivo

das Motorboot
la lancha a motor

das Fahrrad
la bicicleta

das Auto
el auto

die Fähre
el ferry

das Boot
el bote

das Motorrad
la moto

das Polizeiauto
el patrullero

das Rennauto
el auto de carreras

der Mietwagen
el auto de alquiler

das Carsharing

el alquiler de autos

der Abschleppwagen

la grúa

das Müllauto

el camión de la basura

der Motor

el motor

der Kraftstoff

la nafta

die Tankstelle

la estación de servicio

das Verkehrsschild

la señal de tránsito

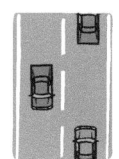

der Verkehr

el tránsito

der Stau

el embotellamientc

der Parkplatz

el estacionamiento

der Bahnhof

la estación de tren

die Schienen

las vías

der Zug

el tren

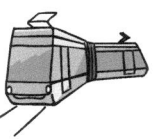

die Straßenbahn

el tranvía

der Wagon

el vagón

der Helikopter
el helicóptero

der Flughafen
el aeropuerto

der Tower
la torre

der Passagier
el pasajero

der Container
el contenedor

der Karton
la caja de cartón

der Karren
la carretilla

der Korb
la canasta

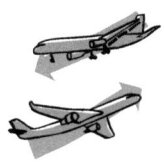

starten / landen
despegar / aterrizar

die Stadt
la ciudad

das Dorf
el pueblo

das Stadtzentrum
el centro de la ciudad

das Haus
la casa

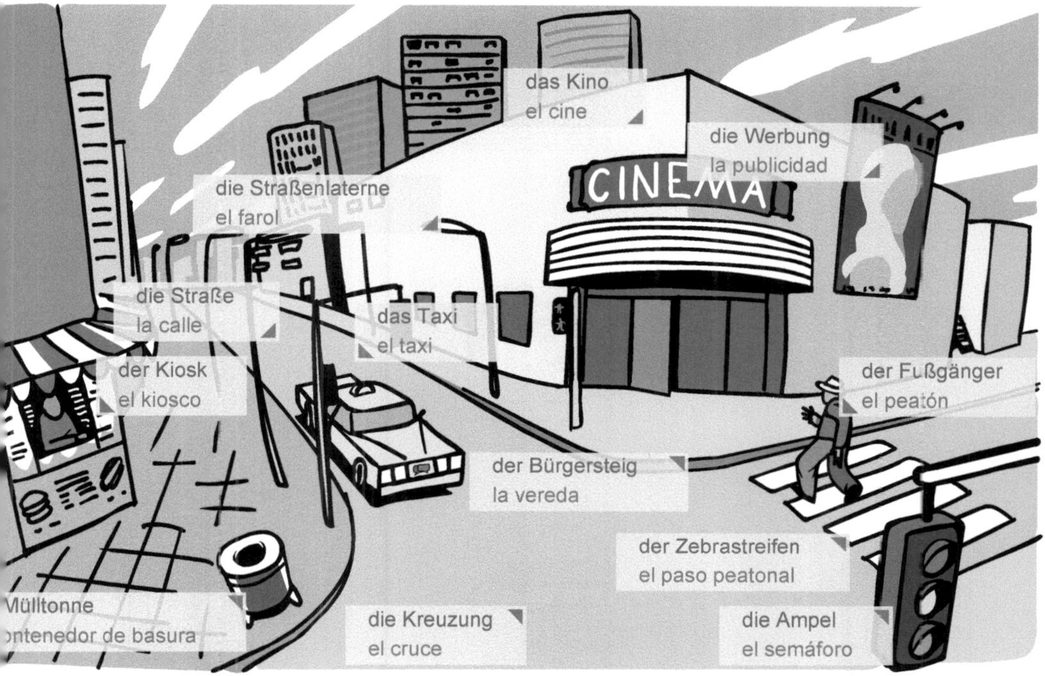
CINEMA
das Kino
el cine
die Werbung
la publicidad
die Straßenlaterne
el farol
die Straße
la calle
das Taxi
el taxi
der Kiosk
el kiosco
der Fußgänger
el peatón
der Bürgersteig
la vereda
der Zebrastreifen
el paso peatonal
Mülltonne
ntenedor de basura
die Kreuzung
el cruce
die Ampel
el semáforo

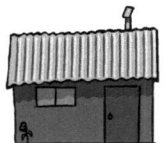

die Hütte

la cabaña

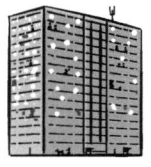

die Wohnung

el departamento

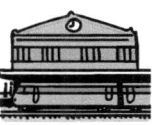

der Bahnhof

la estación de tren

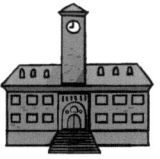

das Rathaus

la municipalidad

MUSEUM

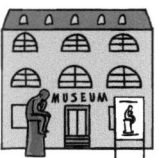

das Museum

el museo

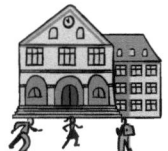

die Schule

el colegio

die Universität
la universidad

die Bank
el banco

das Krankenhaus
el hospital

das Hotel
el hotel

die Apotheke
la farmacia

das Büro
la oficina

die Buchhandlung
la librería

das Geschäft
el negocio

der Blumenladen
la florería

der Supermarkt
el supermercado

der Markt
el mercado

das Kaufhaus
las grandes tiendas

der Fischhändler
la pescadería

das Einkaufszentrum
el centro comercial

der Hafen
el puerto

der Park

el parque

die Bank

el banco

die Brücke

el puente

die Treppe

las escaleras

die U-Bahn

el subte

der Tunnel

el túnel

die Bushaltestelle

la parada del colectivo

die Bar

el bar

das Restaurant

el restaurante

der Briefkasten

el buzón

das Straßenschild

el letrero

die Parkuhr

el parquímetro

der Zoo

el zoológico

die Badeanstalt

la pileta

die Moschee

la mezquita

die Stadt - la ciudad

der Bauernhof
la granja

die Umweltverschmutzung
la contaminación

der Friedhof
el cementerio

die Kirche
la iglesia

der Spielplatz
los juegos infantiles

der Tempel
el templo

die Landschaft
el paisaje

das Blatt
la hoja

der Wegweiser
el poste indicador

der Weg
el camino

die Wiese
la pradera

der Stein
la piedra

der Wanderer
el excursionista

der Baum
el árbol

der Fluss
el río

das Gras
la hierba

die Blume
la flor

das Tal
el valle

der Berg
la montaña

der See
el lago

der Wald
el bosque

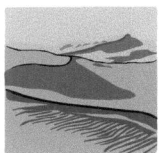

die Wüste
el desierto

der Vulkan
el volcán

das Schloss
el castillo

der Regenbogen
el arco iris

der Pilz
el champiñón

die Palme
la palmera

der Moskito
el mosquito

die Fliege
la mosca

die Ameise
la hormiga

die Biene
la abeja

die Spinne
la araña

der Käfer

el escarabajo

der Frosch

la rana

das Eichhörnchen

la ardilla

der Igel

el erizo

der Hase

la liebre

die Eule

la lechuza

die Vogel

el pájaro

der Schwan

el cisne

das Wildschwein

el jabalí

der Hirsch

el ciervo

der Elch

el alce

der Staudamm

la presa

das Windrad

el aerogenerador

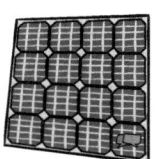

das Solarmodul

el panel solar

das Klima

el clima

das Restaurant
el restaurante

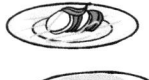

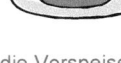

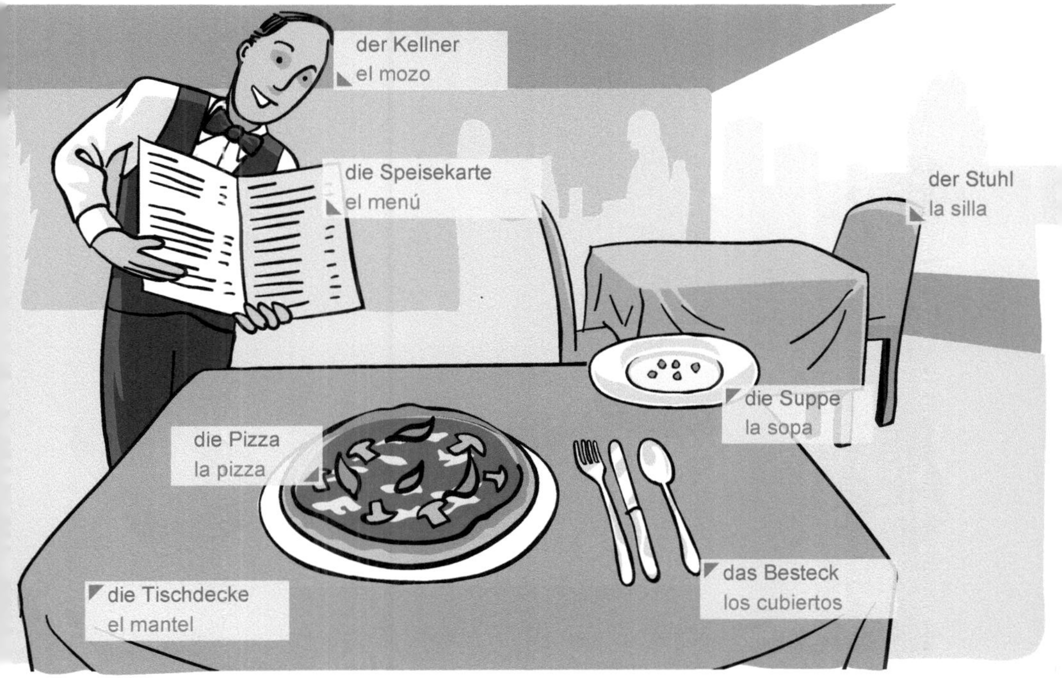
der Kellner
el mozo
die Speisekarte
el menú
der Stuhl
la silla
die Suppe
la sopa
die Pizza
la pizza
das Besteck
los cubiertos
die Tischdecke
el mantel

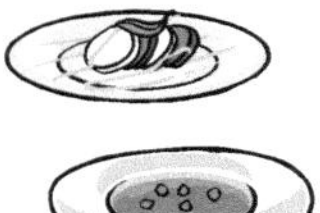

die Vorspeise

la entrada

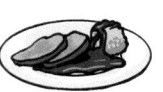

das Hauptgericht

el plato principal

die Nachspeise

el postre

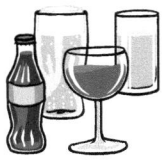

die Getränke

las bebidas

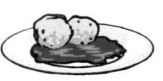

das Essen

la comida

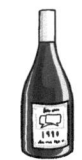

die Flasche

la botella

das Fastfood

la comida rápida

das Streetfood

la comida callejera

die Teekanne

la tetera

die Zuckerdose

la azucarera

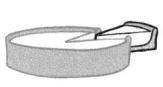

die Portion

la porción

die Espressomaschine

la cafetera expreso

der Hochstuhl

la sillita alta

die Rechnung

la cuenta

das Tablett

la bandeja

das Messer

el cuchillo

die Gabel

el tenedor

der Löffel

la cuchara

der Teelöffel

la cucharita

die Serviette

la servilleta

das Glas

el vaso

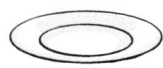

der Teller

el plato

der Suppenteller

el plato hondo

die Untertasse

el plato

die Sauce

la salsa

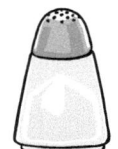

der Salzstreuer

el salero

die Pfeffermühle

el molinillo de pimierta

der Essig

el vinagre

das Öl

el aceite

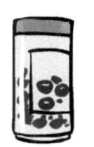

die Gewürze

las especias

das Ketchup

el kétchup

der Senf

la mostaza

die Mayonnaise

la mayonesa

der Supermarkt
el supermercado

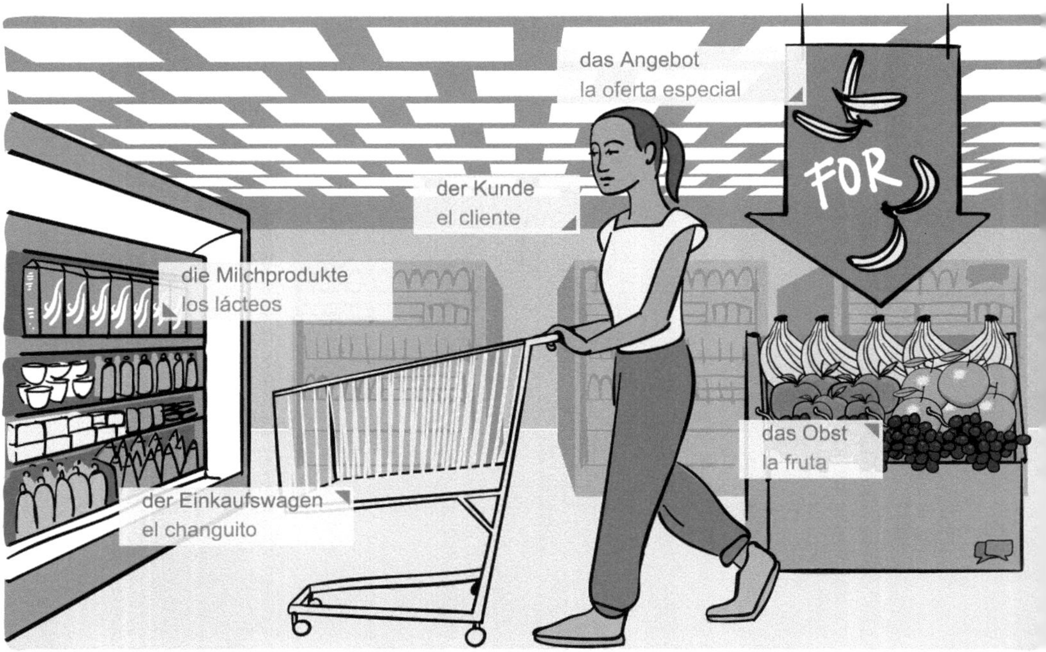

das Angebot
la oferta especial
FOR
der Kunde
el cliente
die Milchprodukte
los lácteos
das Obst
la fruta
der Einkaufswagen
el changuito

BUTCHERS

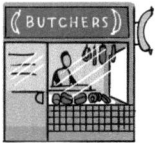

die Schlachterei

la carnicería

BAKERY

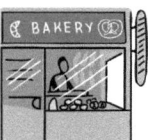

die Bäckerei

la panadería

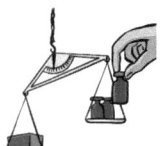

wiegen

pesar

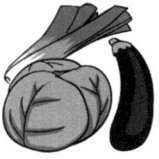

das Gemüse

las verduras

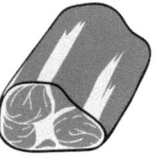

das Fleisch

la carne

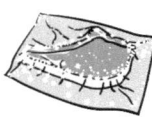

die Tiefkühlkost

los alimentos congelados

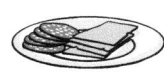

der Aufschnitt
los fiambres

die Konserven
los alimentos enlatados

das Waschmittel
el detergente en polvo

die Süßigkeiten
las golosinas

die Haushaltsartikel
los electrodomésticos

das Reinigungsmittel
los productos de limpieza

die Verkäuferin
la vendedora

die Kasse
la caja

der Kassierer
el cajero

die Einkaufsliste
la lista de compras

die Öffnungszeiten
el horario de atención

die Brieftasche
la billetera

die Kreditkarte
la tarjeta de crédito

die Tasche
la cartera

die Plastiktüte
la bolsa de plástico

das Wasser

el agua

der Saft

el jugo

die Milch

la leche

die Cola

la bebida cola

der Wein

el vino

das Bier

la cerveza

der Alkohol

el alcohol

der Kakao

el cacao

der Tee

el té

der Kaffee

el café

der Espresso

el café expreso

der Cappuccino

el cappuccino

die Banane
la banana

der Apfel
la manzana

die Orange
la naranja

die Melone
el melón

die Zitrone
el limón

die Karotte
la zanahoria

der Knoblauch
el ajo

der Bambus
el bambú

die Zwiebel
la cebolla

der Pilz
el champiñón

die Nüsse
las nueces

die Nudeln
los fideos

die Spaghetti

los tallarines

der Reis

el arroz

der Salat

la ensalada

die Pommes frites

las papas fritas

die Bratkartoffeln

las papas fritas

die Pizza

la pizza

der Hamburger

la hamburguesa

das Sandwich

el sándwich

das Schnitzel

el churrasco

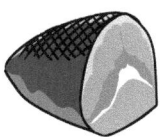

der Schinken

el jamón

die Salami

el salame

die Wurst

la salchicha

das Huhn

el pollo

der Braten

el asado

der Fisch

el pescado

die Haferflocken

los copos de avena

das Müsli

el muesli

die Cornflakes

los copos de maíz

das Mehl

la harina

das Croissant

la medialuna

das Brötchen

el pancito

das Brot

el pan

der Toast

la tostada

die Kekse

las galletitas

die Butter

la manteca

der Quark

la cuajada

der Kuchen

la torta

das Ei

el huevo

das Spiegelei

el huevo frito

der Käse

el queso

die Eiscreme

el helado

der Zucker

el azúcar

der Honig

la miel

die Marmelade

la mermelada

die Nougat-Creme

la pasta de chocolate

das Curry

el curry

der Bauernhof
la granja

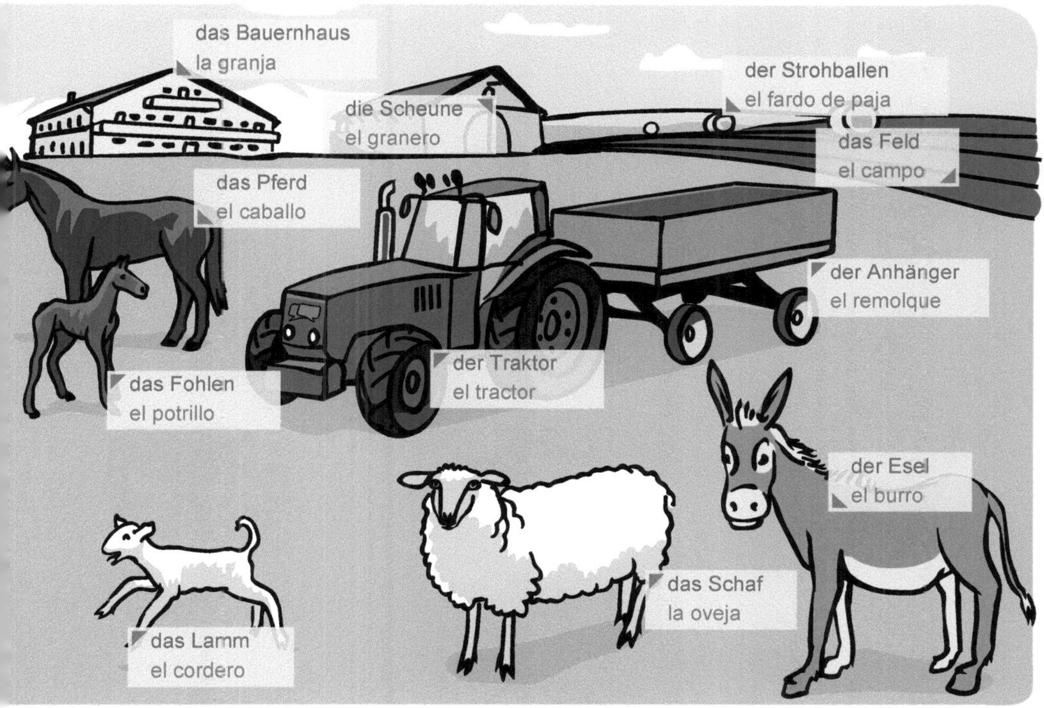

das Bauernhaus
la granja
die Scheune
el granero
der Strohballen
el fardo de paja
das Feld
el campo
das Pferd
el caballo
der Anhänger
el remolque
der Traktor
el tractor
das Fohlen
el potrillo
der Esel
el burro
das Schaf
la oveja
das Lamm
el cordero

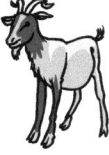

die Ziege

la cabra

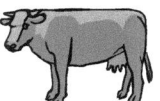

die Kuh

la vaca

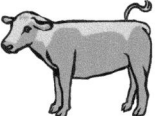

das Kalb

el ternero

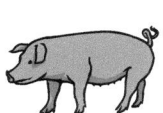

das Schwein

el cerdo

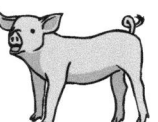

das Ferkel

el lechón

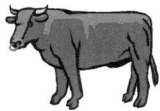

der Bulle

el toro

die Gans

el ganso

die Ente

el pato

das Küken

el pollo

das Huhn

la gallina

der Hahn

el gallo

die Ratte

la rata

die Katze

el gato

die Maus

el ratón

der Ochse

el buey

der Hund

el perro

die Hundehütte

la cucha

der Gartenschlauch

la manguera

die Gießkanne

la regadera

die Sense

la guadaña

der Pflug

el arado

die Sichel
la hoz

die Hacke
la azada

die Mistgabel
la horquilla

die Axt
el hacha

die Schubkarre
la carretilla

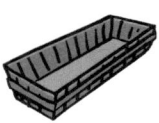

der Trog
el abrevadero

die Milchkanne
la lechera

der Sack
la bolsa

der Zaun
la reja

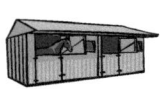

der Stall
el establo

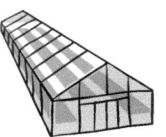

das Treibhaus
el invernadero

der Boden
el suelo

die Saat
la semilla

der Dünger
el fertilizador

der Mähdrescher
la cosechadora

ernten
cosechar

die Ernte
la cosecha

die Yamswurzel
las batatas

der Weizen
el trigo

das Soja
la soja

die Kartoffel
la papa

der Mais
el maíz

der Raps
la semilla de colza

der Obstbaum
el árbol frutal

der Maniok
la mandioca

das Getreide
los cereales

das Haus
la casa

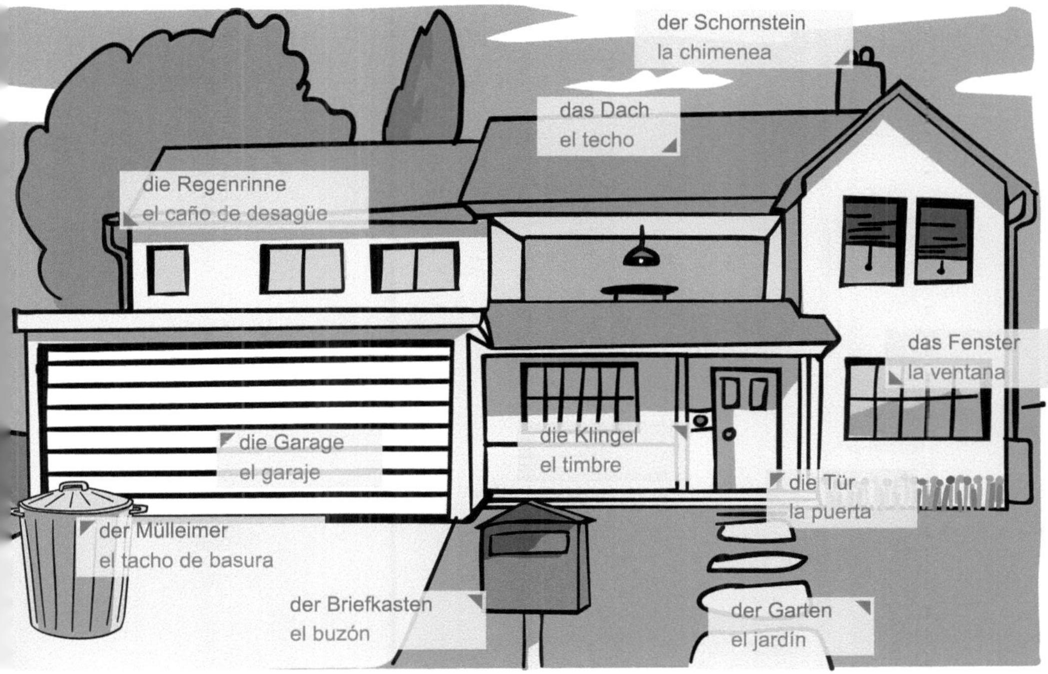
der Schornstein
la chimenea
das Dach
el techo
die Regenrinne
el caño de desagüe
das Fenster
la ventana
die Garage
el garaje
die Klingel
el timbre
die Tür
la puerta
der Mülleimer
el tacho de basura
der Briefkasten
el buzón
der Garten
el jardín

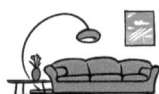

das Wohnzimmer

el living

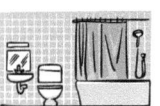

das Badezimmer

el baño

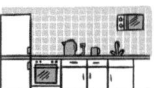

die Küche

la cocina

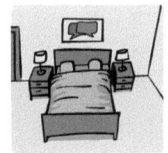

das Schlafzimmer

el dormitorio

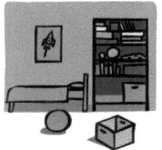

das Kinderzimmer

el cuarto de los chicos

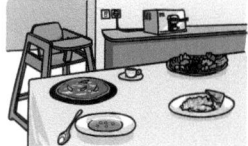

das Esszimmer

el comedor

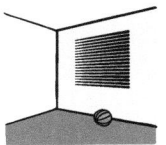

der Boden
el piso

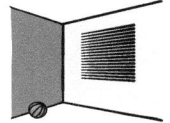

die Wand
la pared

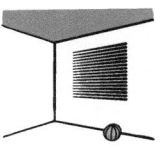

die Decke
el cielorraso

der Keller
el sótano

die Sauna
el sauna

der Balkon
el balcón

die Terrasse
la terraza

das Schwimmbad
la pileta

der Rasenmäher
la cortadora de pasto

der Bettbezug
la sábana

die Bettdecke
el acolchado

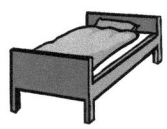

das Bett
la cama

der Besen
la escoba

der Eimer
el balde

der Schalter
el interruptor

das Wohnzimmer
el living

die Tapete
el empapelado
das Bild
la imagen
die Lampe
la lámpara
das Regal
el estante
der Schrank
el armario
der Fernseher
la televisión
der Kamir
la chimenea
die Blume
la flor
das Kissen
el almohadón
das Sofa
el sofá
die Vase
el florero
die Fernbedienung
el control remoto

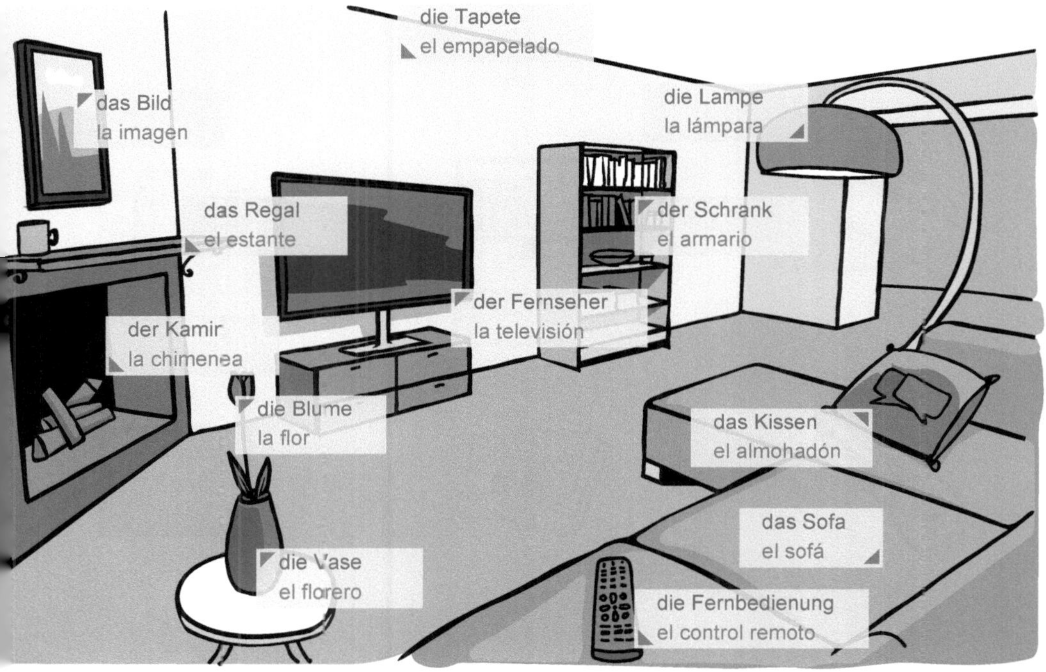

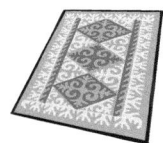

der Teppich

la alfombra

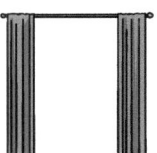

der Vorhang

la cortina

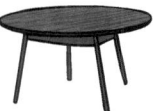

der Tisch

la mesa

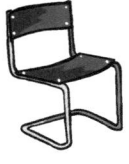

der Stuhl

la silla

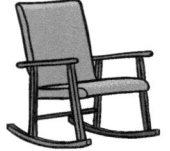

der Schaukelstuhl

la mecedora

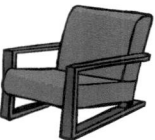

der Sessel

el sillón

das Buch
el libro

die Decke
la frazada

die Dekoration
la decoración

das Feuerholz
la leña

der Film
la película

die Stereoanlage
el equipo de música

der Schlüssel
la llave

die Zeitung
el diario

das Gemälde
la pintura

das Poster
el póster

das Radio
la radio

der Notizblock
el cuaderno

der Staubsauger
la aspiradora

der Kaktus
el cactus

die Kerze
la vela

die Küche
la cocina

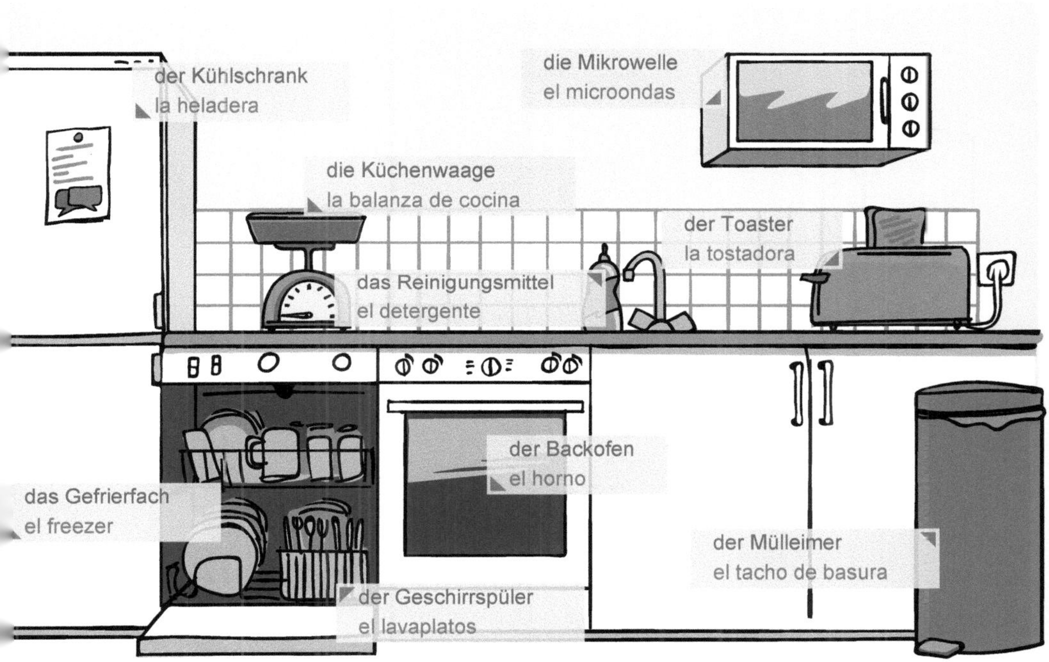
der Kühlschrank
la heladera
die Mikrowelle
el microondas
die Küchenwaage
la balanza de cocina
der Toaster
la tostadora
das Reinigungsmittel
el detergente
der Backofen
el horno
das Gefrierfach
el freezer
der Mülleimer
el tacho de basura
der Geschirrspüler
el lavaplatos

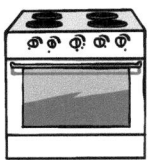

der Herd

la cocina

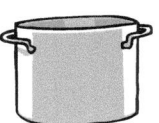

der Topf

la olla

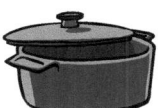

der Eisentopf

la olla de hierro fundido

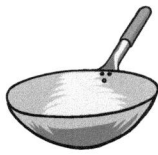

der Wok / Kadai

el wok

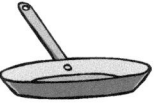

die Pfanne

la sartén

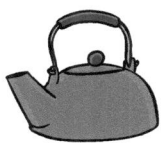

der Wasserkocher

la pava

der Dampfgarer

la vaporera

das Backblech

la bandeja de horno

das Geschirr

la vajilla

der Becher

la taza

die Schale

el bol

die Essstäbchen

los palitos

die Suppenkelle

el cucharón

der Pfannenwender

la espátula

der Schneebesen

la batidora

das Kochsieb

el colador

das Sieb

el colador

die Reibe

el rallador

der Mörser

el mortero

der Grill

la parrilla

die Feuerstelle

la fogata

das Schneidebrett
la tabla de picar

das Nudelholz
el palo de amasar

der Korkenzieher
el sacacorchos

die Dose
la lata

der Dosenöffner
el abrelatas

der Topflappen
la manopla

das Waschbecken
la pileta

die Bürste
el cepillo

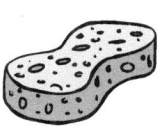

der Schwamm
la esponja

der Mixer
la batidora

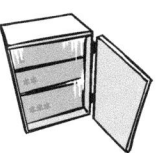

die Gefriertruhe
el congelador

die Babyflasche
la mamadera

der Wasserhahn
la canilla

das Badezimmer
el baño

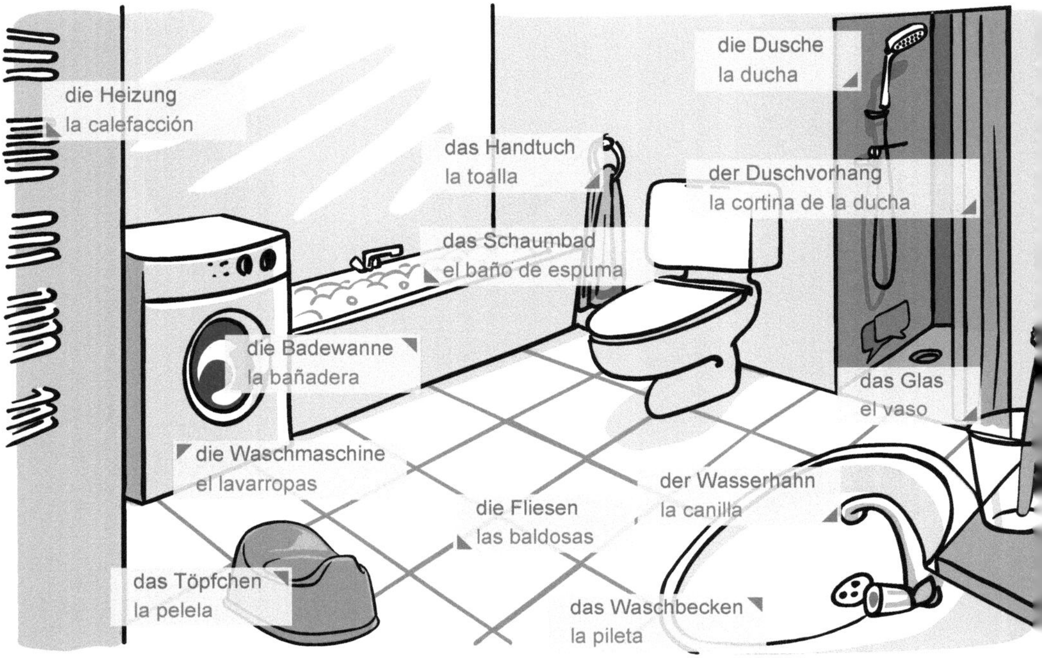

die Dusche
la ducha

die Heizung
la calefacción

das Handtuch
la toalla

der Duschvorhang
la cortina de la ducha

das Schaumbad
el baño de espuma

die Badewanne
la bañadera

das Glas
el vaso

die Waschmaschine
el lavarropas

der Wasserhahn
la canilla

die Fliesen
las baldosas

das Töpfchen
la pelela

das Waschbecken
la pileta

die Toilette

el inodoro

die Hocktoilette

la letrina

das Bidet

el bidé

das Pissoir

el mingitorio

das Toilettenpapier

el papel higiénico

die Toilettenbürste

el cepillo para el inodoro

die Zahnbürste

el cepillo de dientes

die Zahnpasta

el dentífrico

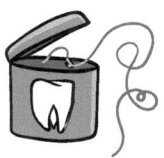

die Zahnseide

el hilo dental

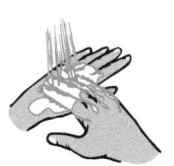

waschen

lavar

die Handbrause

la ducha de mano

die Intimdusche

la ducha higiénica

die Waschschüssel

la palangana

die Rückenbürste

el cepillo para la espalda

die Seife

el jabón

das Duschgel

el gel de ducha

das Shampoo

el shampoo

der Waschlappen

la toallita

der Abfluss

el desagüe

die Creme

la crema

das Deodorant

el desodorante

der Spiegel

el espejo

der Kosmetikspiegel

el espejito

der Rasierer

la maquinita de afeitar

der Rasierschaum

la espuma de afeitar

das Rasierwasser

el aftershave

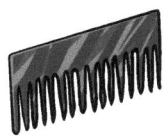

der Kamm

el peine

die Bürste

el cepillo

der Föhn

el secador de pelo

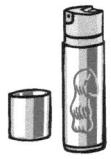

das Haarspray

el spray

das Makeup

el maquillaje

der Lippenstift

el lápiz de labios

der Nagellack

el esmalte para uñas

die Watte

el algodón

die Nagelschere

la tijera para uñas

das Parfum

el perfume

der Kulturbeutel

el portacosméticos

der Hocker

la banqueta

die Waage

la balanza

der Bademantel

la bata

die Gummihandschuhe

los guantes de goma

das Tampon

el tampón

die Damenbinde

la toallita femenina

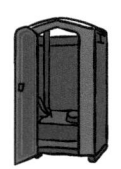

die Chemietoilette

el baño químico

das Kinderzimmer

el cuarto de los chicos

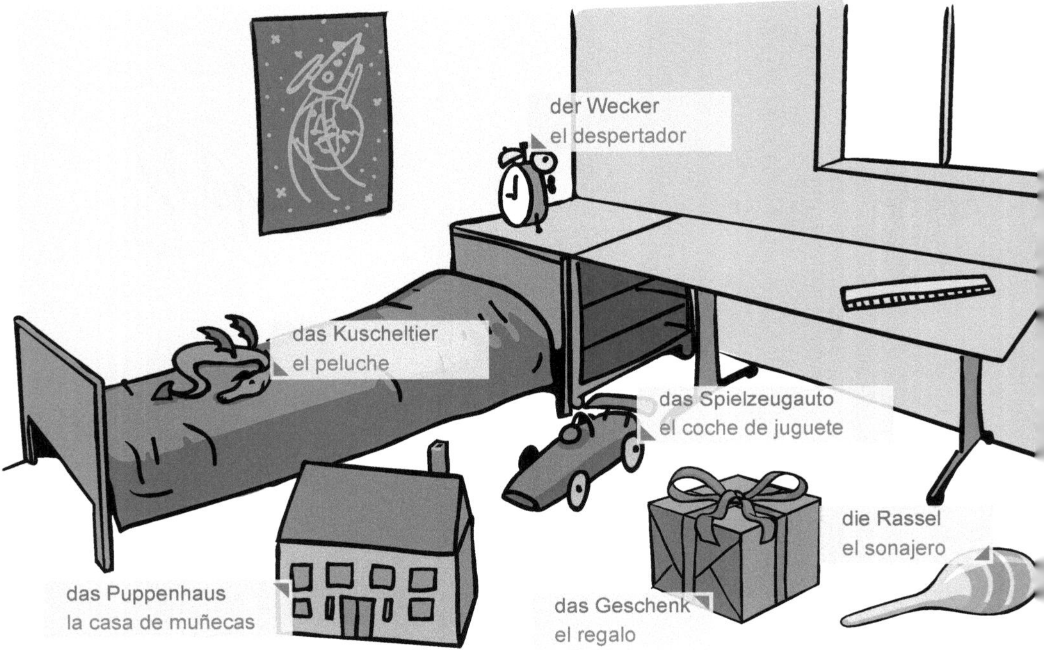
der Wecker
el despertador
das Kuscheltier
el peluche
das Spielzeugauto
el coche de juguete
die Rassel
el sonajero
das Puppenhaus
la casa de muñecas
das Geschenk
el regalo

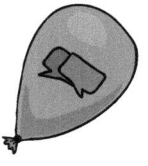

der Ballon

el globo

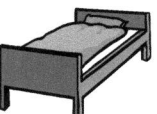

das Bett

la cama

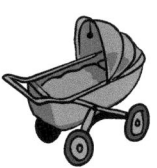

der Kinderwagen

el cochecito

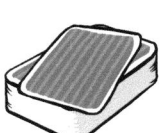

das Kartenspiel

las cartas

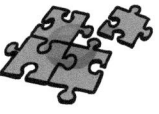

das Puzzle

el rompecabezas

SUPER
MEGA

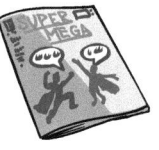

der Comic

la historieta

die Legosteine

las piezas de lego

die Bausteine

los ladrillos de juguete

die Action Figur

la figura de acción

der Strampelanzug

el enterito (de bebé)

das Frisbee

el frisbee

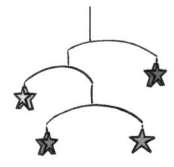

das Mobile

el móvil para bebés

das Brettspiel

el juego de mesa

der Würfel

los dados

die Modelleisenbahn

el tren eléctrico

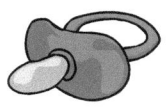

der Schnuller

el chupete

die Party

la fiesta

das Bilderbuch

el libro de cuentos ilustrado

der Ball

la pelota

die Puppe

la muñeca

spielen

jugar

der Sandkasten

el arenero

die Schaukel

la hamaca

das Spielzeug

los juguetes

die Spielkonsole

la consola de videojuegos

das Dreirad

el triciclo

der Teddy

el osito de peluche

der Kleiderschrank

el armario

die Kleidung

la ropa

die Socken

las medias

die Strümpfe

las medias panty

die Strumpfhose

las calzas

der Schal
la bufanda

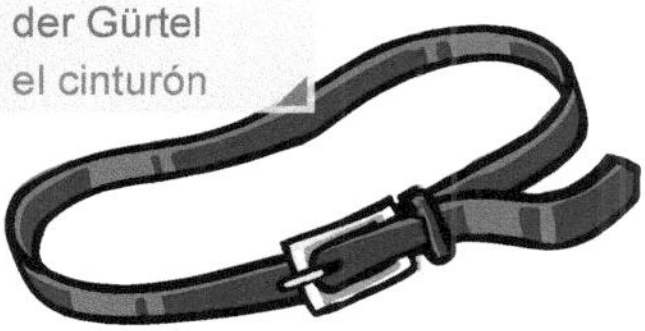

der Regenschirm
el paraguas

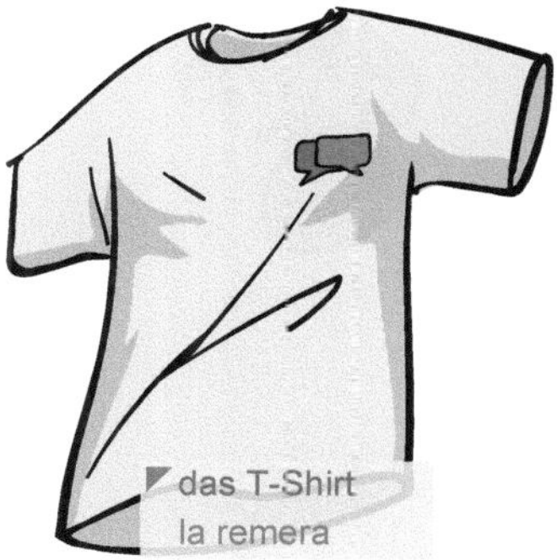

das T-Shirt
la remera

der Gürtel
el cinturón

die Hausschuhe
las pantuflas

der Stiefel
las botas

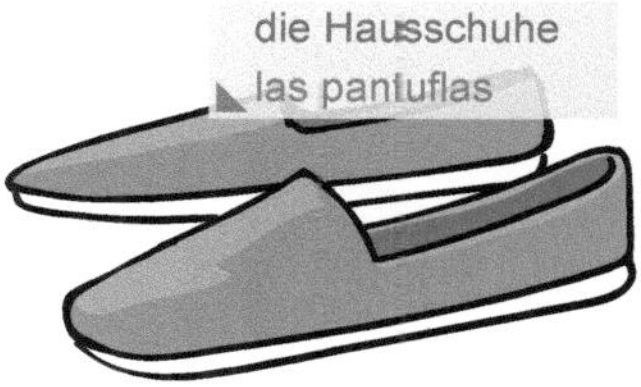

die Turnschuhe
las zapatillas

die Sandalen
....
las sandalias

die Schuhe
....
los zapatos

die Gummistiefel
....
las botas de goma

die Unterhose
....
la ropa interior

der Büstenhalter
....
el corpiño

das Unterhemd
....
el chaleco

der Body

el body

die Hose

los pantalones

die Jeans

los jeans

der Rock

la pollera

die Bluse

la blusa

das Hemd

la camisa

der Pullover

el pulóver

der Kapuzenpullover

el buzo

der Blazer

el blazer

die Jacke

la campera

der Mantel

el tapado

der Regenmantel

el piloto

das Kostüm

el traje

das Kleid

el vestido

das Hochzeitskleid

el vestido de novia

der Anzug

el traje

das Nachthemd

el camisón

der Schlafanzug

el pijama

der Sari

el sari

das Kopftuch

el pañuelo para la cabeza

der Turban

el turbante

die Burka

la burka

der Kaftan

el caftán

die Abaya

la abaya

der Badeanzug

el traje de baño

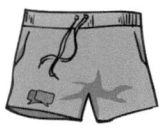

die Badehose

el short de baño

die kurze Hose

los shorts

der Trainingsanzug

el jogging

die Schürze

el delantal

die Handschuhe

los guantes

der Knopf
el botón

die Brille
los anteojos

das Armband
la pulsera

die Halskette
el collar

der Ring
el anillo

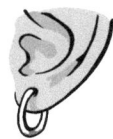

der Ohrring
el aro

die Mütze
la gorra

der Kleiderbügel
la percha

der Hut
el sombrero

die Krawatte
la corbata

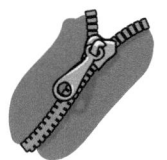

der Reißverschluss
el cierre

der Helm
el casco

der Hosenträger
los tiradores

die Schuluniform
el uniforme escolar

die Uniform
el uniforme

das Lätzchen

el babero

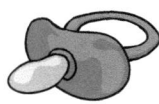

der Schnuller

el chupete

die Windel

el pañal

das Büro
la oficina

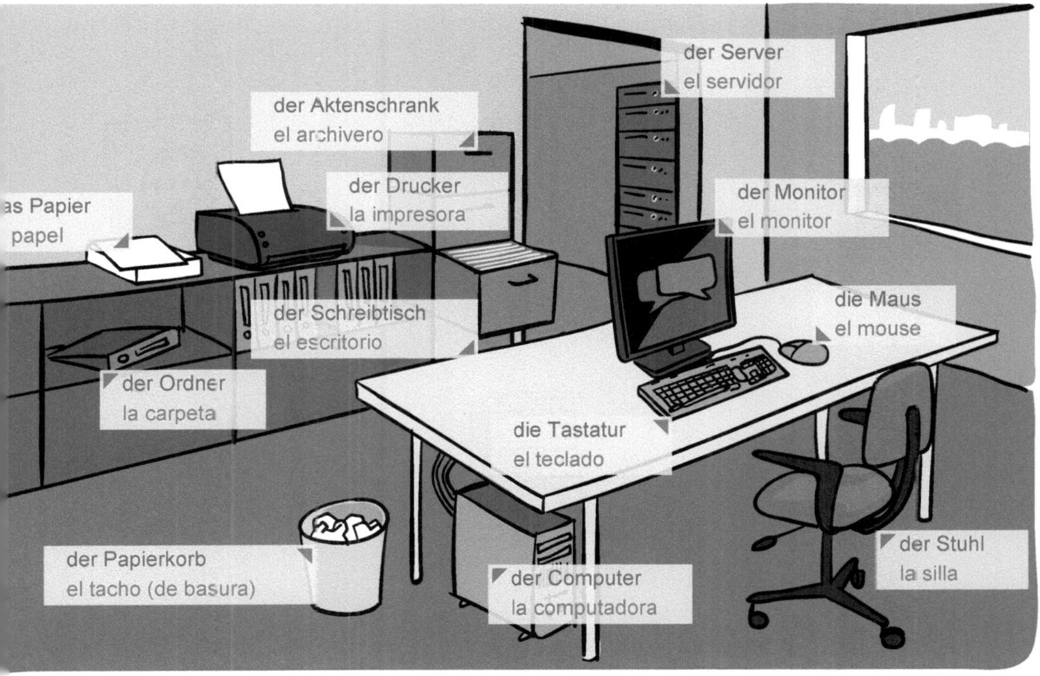

der Server
el servidor

der Aktenschrank
el archivero

der Drucker
la impresora

das Papier
papel

der Monitor
el monitor

der Schreibtisch
el escritorio

die Maus
el mouse

der Ordner
la carpeta

die Tastatur
el teclado

der Papierkorb
el tacho (de basura)

der Computer
la computadora

der Stuhl
la silla

der Kaffeebecher

la taza de café

der Taschenrechner

la calculadora

das Internet

el internet

der Laptop
la laptop

der Brief
la carta

die Nachricht
el mensaje

das Handy
el celular

das Netzwerk
la red

der Kopierer
la fotocopiadora

die Software
el software

das Telefon
el teléfono

die Steckdose
el tomacorriente

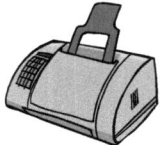

das Fax
el fax

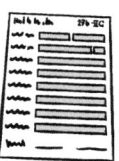

das Formular
el formulario

das Dokument
el documento

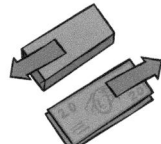

kaufen

comprar

bezahlen

pagar

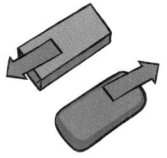

handeln

hacer negocios

das Geld

el dinero

der Dollar

el dólar

der Euro

el euro

der Yen

el yen

der Rubel

el rublo

der Franken

el franco suizo

der Renminbi Yuan

el yuan

die Rupie

la rupia

der Geldautomat

el cajero automático

die Wechselstube

la casa de cambio

das Gold

el oro

das Silber

la plata

das Öl

el petróleo

die Energie

la energía

der Preis

el precio

der Vertrag

el contrato

die Steuer

el impuesto

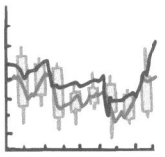

die Aktie

la acción

arbeiten

trabajar

der Angestellte

el empleado

der Arbeitgeber

el empleador

die Fabrik

la fábrica

das Geschäft

el negocio

der Polizist
el policía

der Feuerwehrmann
el bombero

der Koch
el cocinero

der Arzt
el médico

der Pilot
el piloto

der Gärtner

el jardinero

der Tischler

el carpintero

die Näherin

la modista

der Richter

el juez

der Chemiker

el farmacéutico

der Schauspieler

el actor

der Busfahrer

el colectivero

der Taxifahrer

el taxista

der Fischer

el pescador

die Putzfrau

la mucama

der Dachdecker

el techista

der Kellner

el mozo

der Jäger

el cazador

der Maler

el pintor

der Bäcker

el panadero

der Elektriker

el electricista

der Bauarbeiter

el albañil

der Ingenieur

el ingeniero

der Schlachter

el carnicero

der Klempner

el plomero

der Postbote

el cartero

der Soldat

el soldado

der Architekt

el arquitecto

der Kassierer

el cajero

der Florist

el florista

der Friseur

el peluquero

der Schaffner

el cobrador

der Mechaniker

el mecánico

der Kapitän

el capitán

der Zahnarzt

el dentista

der Wissenschaftler

el científico

der Rabbi

el rabino

der Imam

el imán

der Mönch

el monje

der Geistliche

el sacerdote

die Werkzeuge
las herramientas

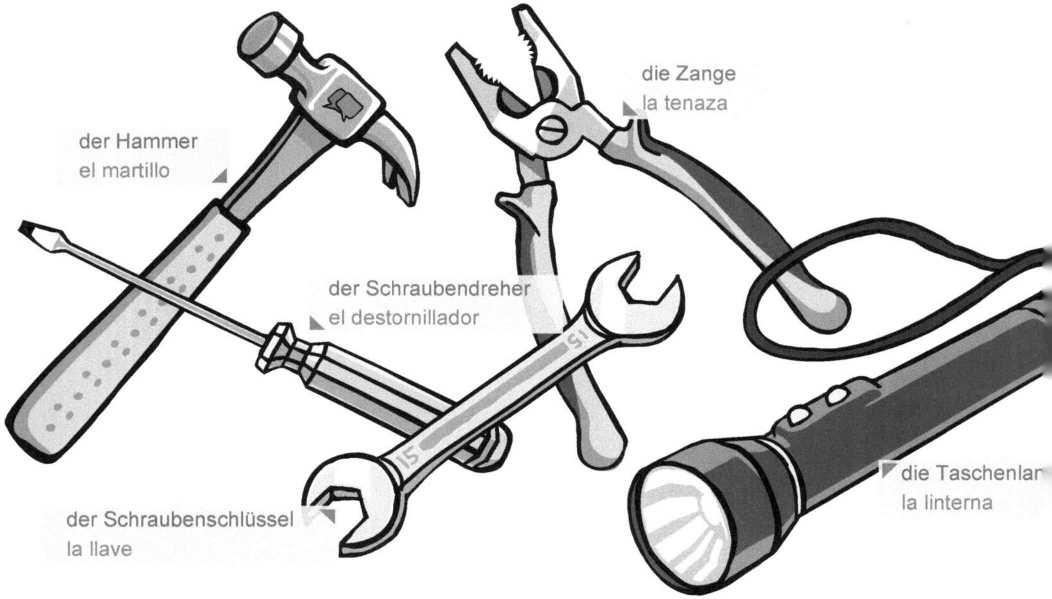

der Hammer
el martillo

die Zange
la tenaza

der Schraubendreher
el destornillador

der Schraubenschlüssel
la llave

die Taschenlampe
la linterna

der Bagger
la excavadora

der Werkzeugkasten
la caja de herramientas

die Leiter
la escalera portátil

die Säge
la sierra

die Nägel
los clavos

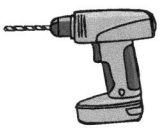

der Bohrer
el taladro

reparieren
arreglar

die Schaufel
la pala de jardín

Mist!
¡Qué bronca!

das Kehrblech
la pala de plástico

der Farbtopf
el tacho de pintura

die Schrauben
los tornillos

die Musikinstrumente
los instrumentos musicales

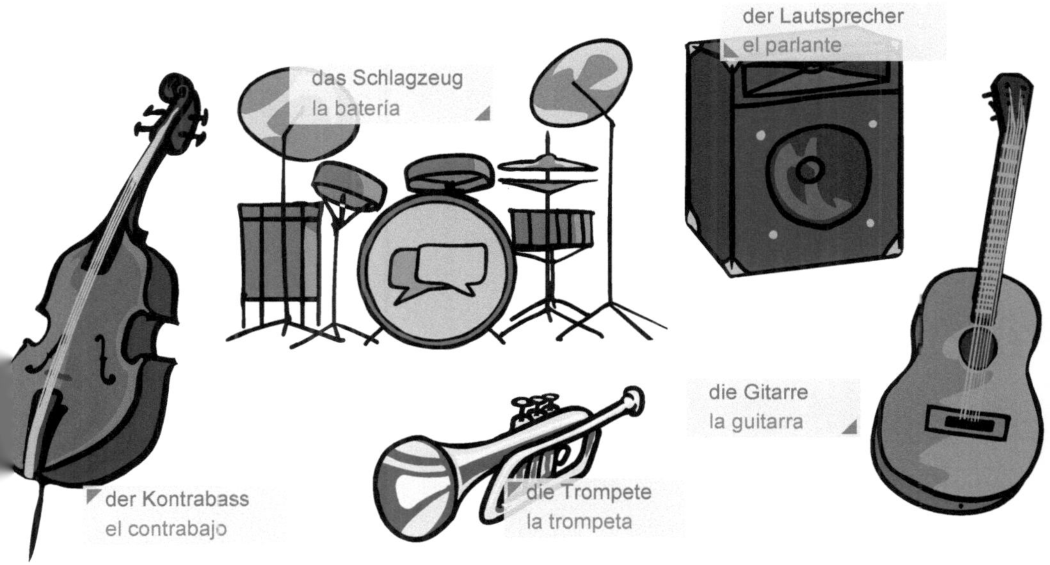

das Schlagzeug
la batería

der Lautsprecher
el parlante

die Gitarre
la guitarra

der Kontrabass
el contrabajo

die Trompete
la trompeta

das Klavier

el piano

die Violine

el violín

der Bass

el bajo

die Pauke

los timbales

die Trommeln

el tambor

das Keyboard

el teclado

das Saxophon

el saxofón

die Flöte

la flauta

das Mikrofon

el micrófono

der Zoo
el zoológico

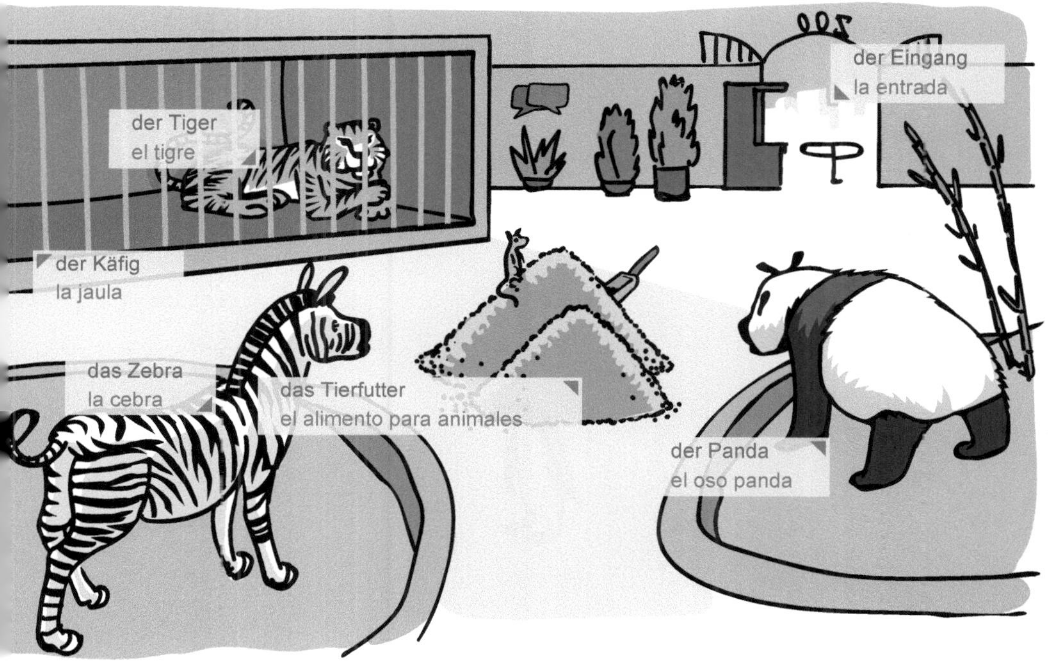
der Eingang
la entrada
der Tiger
el tigre
der Käfig
la jaula
das Zebra
la cebra
das Tierfutter
el alimento para animales
der Panda
el oso panda

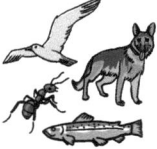

die Tiere

los animales

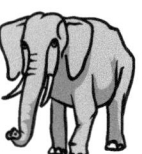

der Elefant

el elefante

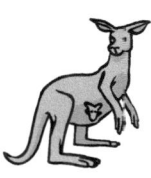

das Känguruh

el canguro

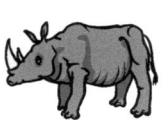

das Nashorn

el rinoceronte

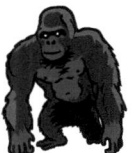

der Gorilla

el gorila

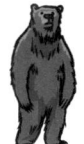

der Bär

el oso

das Kamel

el camello

der Strauß

el avestruz

der Löwe

el león

der Affe

el mono

der Flamingo

el flamenco

der Papagei

el loro

der Eisbär

el oso polar

der Pinguin

el pingüino

der Hai

el tiburón

der Pfau

el pavo real

die Schlange

la serpiente

das Krokodil

el cocodrilo

der Zoowärter

el cuidador del zoológico

die Robbe

la foca

der Jaguar

el jaguar

das Pony

el poni

der Leopard

el leopardo

das Nilpferd

el hipopótamo

die Giraffe

la jirafa

der Adler

el águila

das Wildschwein

el jabalí

der Fisch

el pescado

die Schildkröte

la tortuga

das Walross

la morsa

der Fuchs

el zorro

die Gazelle

la gacela

das American Football
el fútbol americano

das Radfahren
el ciclismo

das Tennis
el tenis

der Basketball
el básquet

das Schwimmen
la natación

das Eishockey
el hockey sobre hielo

das Boxen
el boxeo

der Fußball
el fútbol

das Badminton
el bádminton

die Leichtathletik
el atletismo

der Handball
el handball

das Skilaufen
el esquí

das Polo
el polo

die Aktivitäten
las actividades

springen
saltar
lachen
reír
umarmen
abrazar
singen
cantar
gehen
caminar
träumen
soñar
beten
rezar
küssen
besar

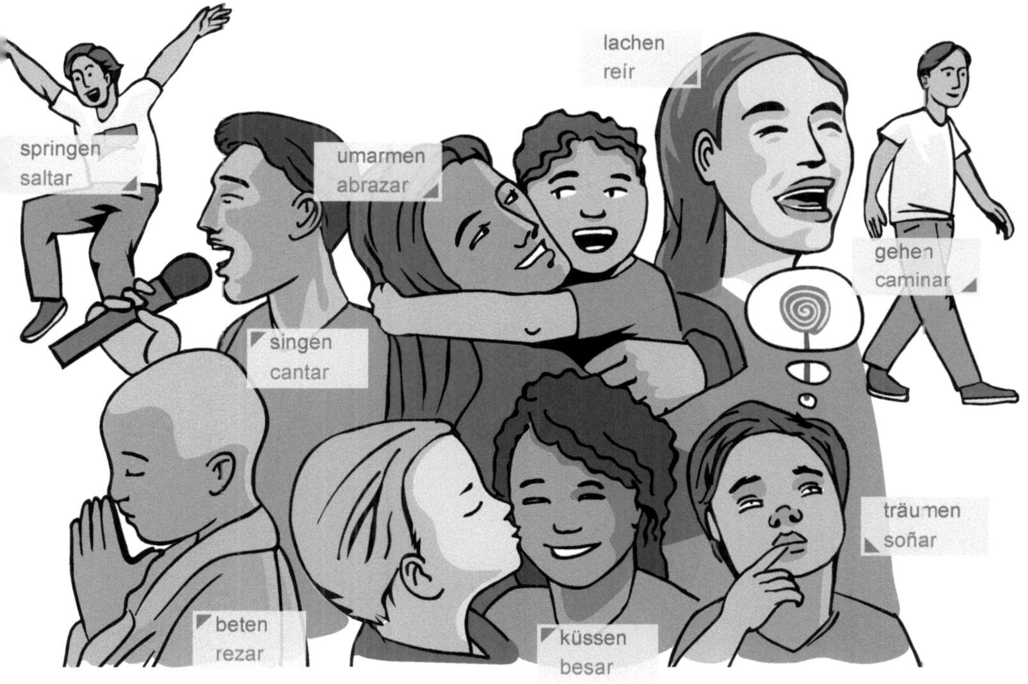

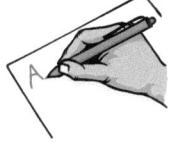

schreiben

escribir

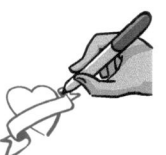

zeichnen

dibujar

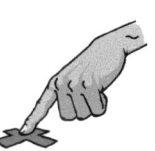

zeigen

mostrar

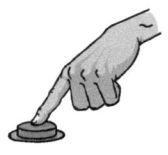

drücken

presionar

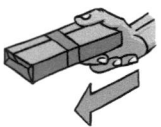

geben

dar

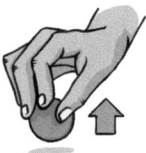

nehmen

tomar

haben
tener

tun
hacer

sein
ser

stehen
estar parado

laufen
correr

ziehen
tirar

werfen
tirar

fallen
caer

liegen
estar acostado

warten
esperar

tragen
llevar

sitzen
estar sentado

anziehen
vestirse

schlafen
dormir

aufwachen
despertar

ansehen
mirar

weinen
llorar

streicheln
acariciar

kämmen
peinar

reden
hablar

verstehen
entender

fragen
preguntar

hören
escuchar

trinken
beber

essen
comer

aufräumen
ordenar

lieben
amar

kochen
cocinar

fahren
manejar

fliegen
volar

segeln

navegar

rechnen

calcular

lesen

leer

lernen

aprender

arbeiten

trabajar

heiraten

casarse

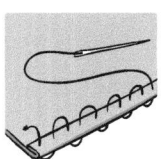

nähen

coser

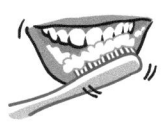

Zähne putzen

cepillarse los dientes

töten

matar

rauchen

fumar

senden

enviar

die Familie
la familia

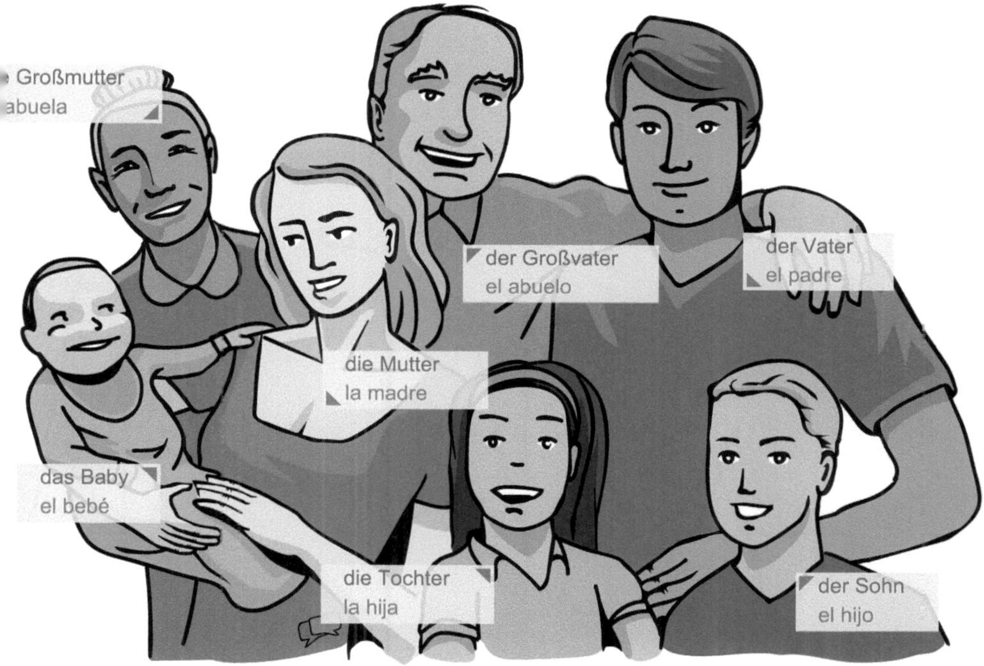

Großmutter
abuela
der Großvater
el abuelo
der Vater
el padre
die Mutter
la madre
das Baby
el bebé
die Tochter
la hija
der Sohn
el hijo

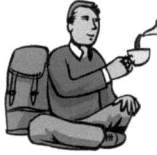

der Gast

el invitado

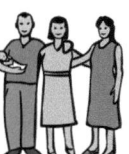

die Tante

la tía

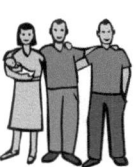

der Onkel

el tío

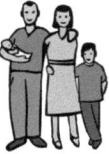

der Bruder

el hermano

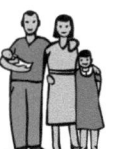

die Schwester

la hermana

der Körper
el cuerpo

die Stirn
la frente
das Auge
el ojo
die Schulter
el hombro
der Finger
el dedo
das Gesicht
la cara
das Kinn
la pera
die Hand
la mano
das Bein
la pierna
die Brust
el pecho
der Arm
el brazo

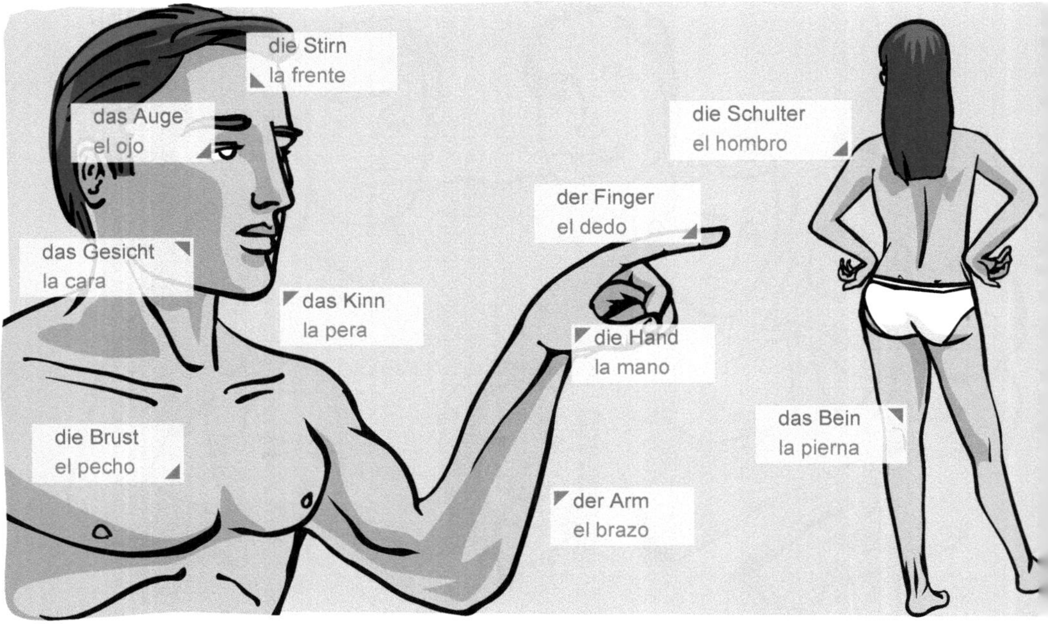

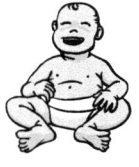

das Baby

el bebé

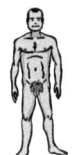

der Mann

el hombre

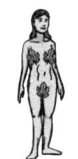

die Frau

la mujer

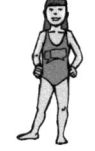

das Mädchen

la nena

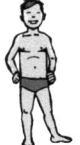

der Junge

el nene

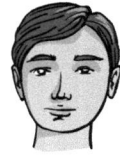

der Kopf

la cabeza

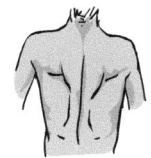

der Rücken
la espalda

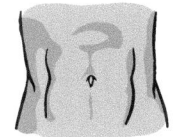

der Bauch
la panza

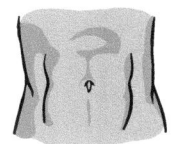

der Nabel
el ombligo

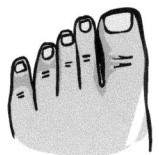

der Zeh
el dedo del pie

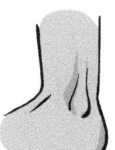

die Ferse
el talón

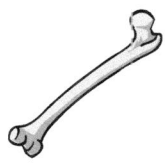

der Knochen
el hueso

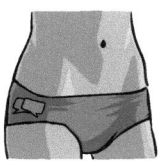

die Hüfte
la cadera

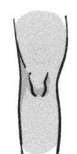

das Knie
la rodilla

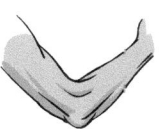

der Ellenbogen
el codo

die Nase
la nariz

das Gesäß
la cola

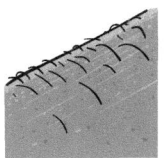

die Haut
la piel

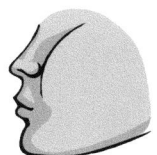

die Wange
el cachete

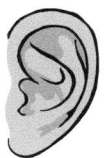

das Ohr
la oreja

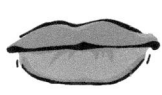

die Lippe
el labio

der Körper - el cuerpo

der Mund

la boca

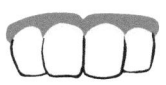

der Zahn

el diente

die Zunge

la lengua

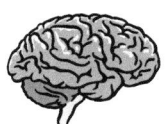

das Gehirn

el cerebro

das Herz

el corazón

der Muskel

el músculo

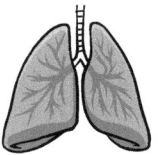

die Lunge

el pulmón

die Leber

el hígado

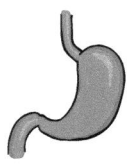

der Magen

el estómago

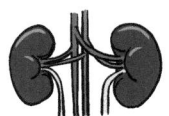

die Nieren

los riñones

der Geschlechtsverkehr

el sexo

das Kondom

el preservativo

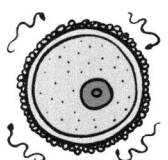

die Eizelle

el óvulo

das Sperma

el semen

die Schwangerschaft

el embarazo

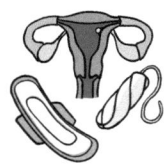

die Menstruation

la menstruación

die Vagina

la vagina

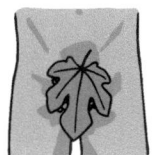

der Penis

el pene

die Augenbraue

la ceja

das Haar

el pelo

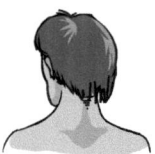

der Hals

el cuello

das Krankenhaus
el hospital

das Krankenhaus
el hospital

der Krankenwagen
la ambulancia

der Rollstuhl
la silla de ruedas

der Bruch
la fractura

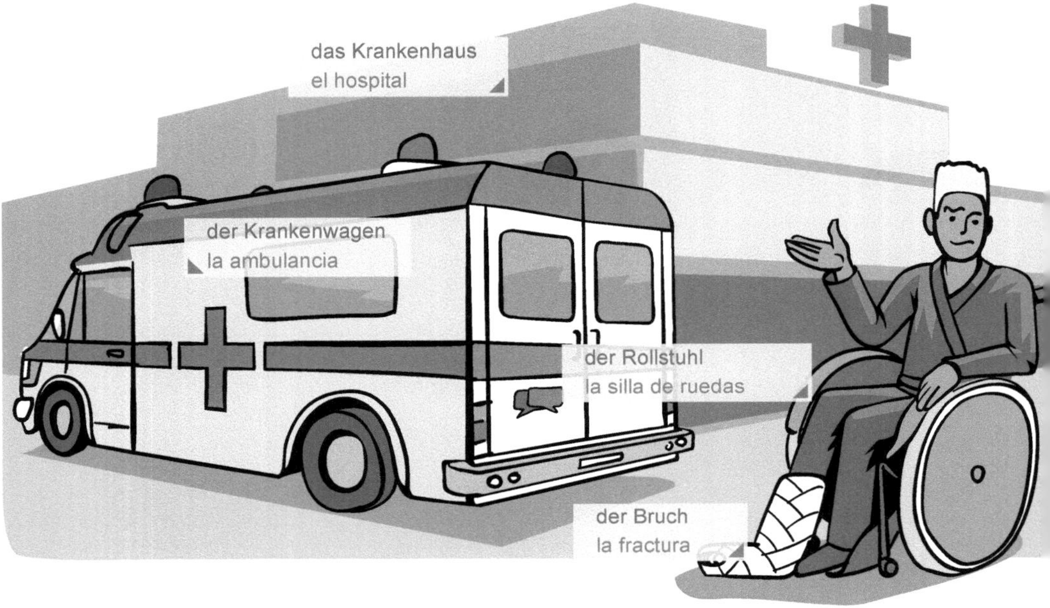

der Arzt
el médico

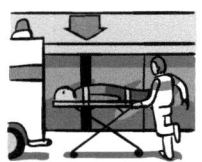

die Notaufnahme
la sala de guardia

die Krankenschwester
la enfermera

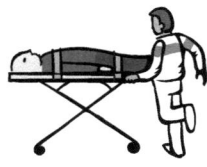

der Notfall
la emergencia

ohnmächtig
inconsciente

der Schmerz
el dolor

die Verletzung

la lesión

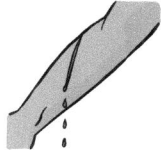

die Blutung

la hemorragia

der Herzinfarkt

el infarto

der Schlaganfall

el ACV

die Allergie

la alergia

der Husten

la tos

das Fieber

la fiebre

die Grippe

la gripe

der Durchfall

la diarrea

die Kopfschmerzen

el dolor de cabeza

der Krebs

el cáncer

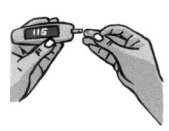

die Diabetis

la diabetes

der Chirurg

el cirujano

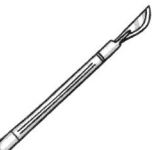

das Skalpell

el bisturí

die Operation

la operación

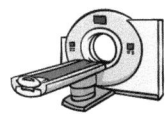

das CT

la TC

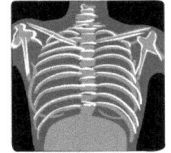

das Röntgen

los rayos x

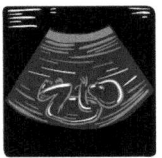

das Ultraschall

la ecografía

die Maske

el barbijo

die Krankheit

la enfermedad

das Wartezimmer

la sala de espera

die Krücke

la muleta

das Pflaster

la curita

der Verband

la venda

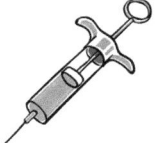

die Injektion

la inyección

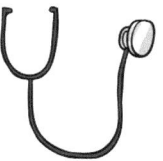

das Stethoskop

el estetoscopio

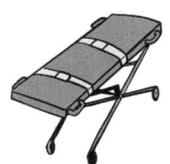

die Trage

la camilla

das Thermometer

el termómetro

die Geburt

el nacimiento

das Übergewicht

el sobrepeso

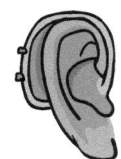

das Hörgerät
el audífono

das Desinfektionsmittel
el desinfectante

die Infektion
la infección

das Virus
el virus

das HIV / AIDS
el VIH / SIDA

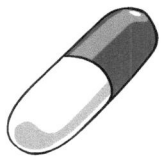

die Medizin
el remedio

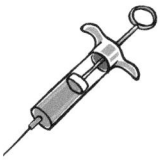

die Impfung
la vacunación

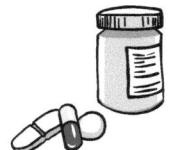

die Tabletten
los comprimidos

die Pille
la pastilla anticoncept va

der Notruf
llamada de emergencia

das Blutdruck-Messgerät
el tensiómetro

krank / gesund
enfermo / sano

Hilfe!

¡Ayuda!

der Alarm

la alarma

der Überfall

la agresión

der Angriff

el ataque

die Gefahr

el peligro

der Notausgang

la salida de emergencia

Feuer!

¡Fuego!

der Feuerlöscher

el matafuego

der Unfall

el accidente

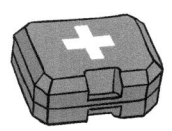

der Erste-Hilfe-Koffer

el botiquín de primeros auxilios

SOS

el SOS

die Polizei

la policía

das Europa
Europa

das Nordamerika
América del Norte

das Südamerika
América del Sur

das Afrika
África

das Asien
Asia

das Australien
Australia

der Atlantik
el Atlántico

der Pazifik
el Pacífico

der Indische Ozean
el Océano Índico

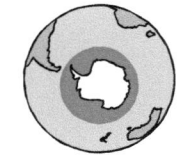

der Antarktische Ozean
el Océano Antártico

der Arktische Ozean
el Océano Ártico

der Nordpol
el polo norte

der Südpol

el polo sur

die Antarktis

la Antártida

die Erde

la Tierra

das Land

la tierra

das Meer

el mar

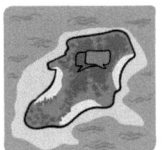

die Insel

la isla

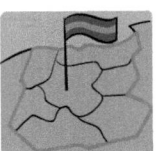

die Nation

la nación

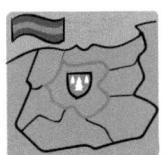

der Staat

el estado

das Zifferblatt

la esfera

der Stundenzeiger

la manecilla de las horas

der Minutenzeiger

el minutero

der Sekundenzeiger

el segundero

Wie spät ist es?

¿Qué hora es?

der Tag

el día

die Zeit

la hora

jetzt

ahora

die Digitaluhr

el reloj digital

die Minute

el minuto

die Stunde

la hora

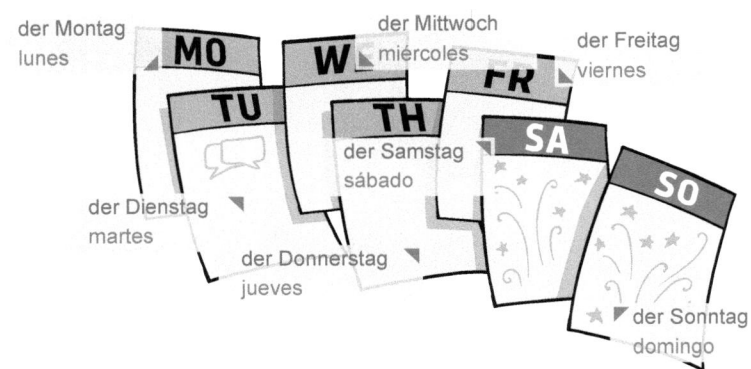

der Montag — lunes
der Mittwoch — miércoles
der Freitag — viernes
der Dienstag — martes
der Samstag — sábado
der Donnerstag — jueves
der Sonntag — domingo

gestern

ayer

heute

hoy

morgen

mañana

der Morgen

la mañana

der Mittag

el mediodía

der Abend

la tarde

die Arbeitstage

los días hábiles

das Wochenende

el fin de semana

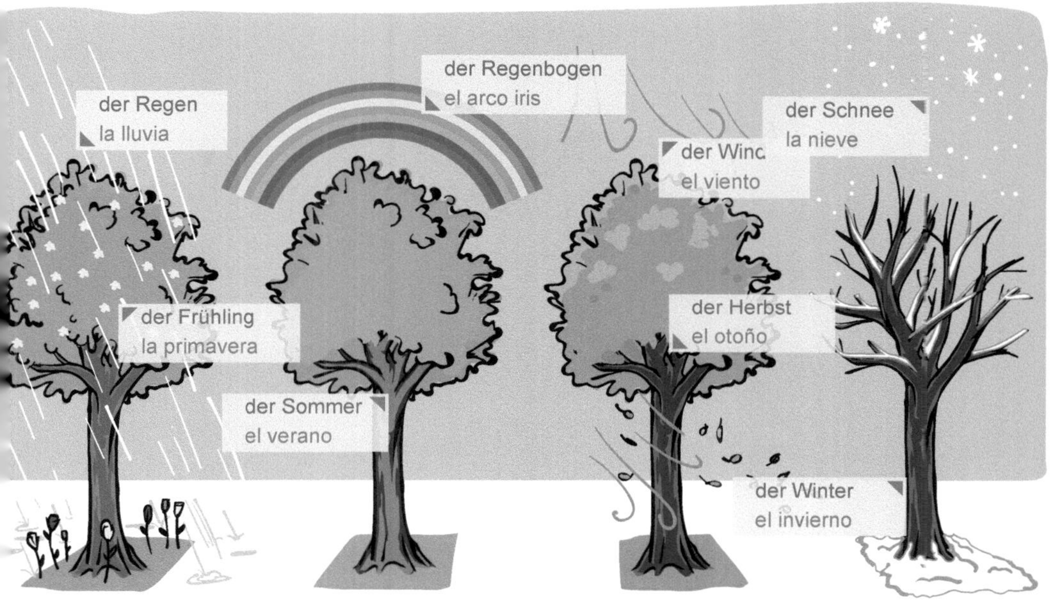

der Regen
la lluvia

der Regenbogen
el arco iris

der Schnee
la nieve

der Wind
el viento

der Frühling
la primavera

der Herbst
el otoño

der Sommer
el verano

der Winter
el invierno

die Wettervorhersage
pronóstico meteorológico

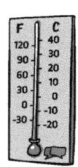

das Thermometer
el termómetro

der Sonnenschein
la luz del sol

die Wolke
la nube

der Nebel
la niebla

die Luftfeuchtigkeit
la humedad

der Blitz

el rayo

der Donner

el trueno

der Sturm

la tormenta

der Hagel

el granizo

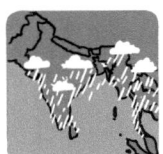

der Monsun

el monzón

die Flut

la inundación

das Eis

el hielo

der Januar

enero

der Februar

febrero

der März

marzo

der April

abril

der Mai

mayo

der Juni

junio

der Juli

julio

der August

agosto

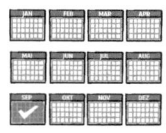

der September
....
septiembre

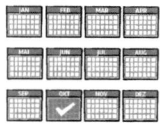

der Oktober
....
octubre

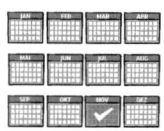

der November
....
noviembre

der Dezember
....
diciembre

der Kreis
....
el círculo

das Quadrat
....
el cuadrado

das Rechteck
....
el rectángulo

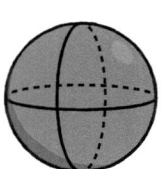

das Dreieck
....
el triángulo

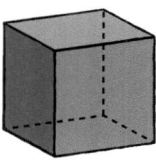

die Kugel
....
la esfera

der Würfel
....
el cubo

weiß

blanco

gelb

amarillo

orange

naranja

pink

rosa

rot

rojo

lila

violeta

blau

azul

grün

verde

braun

marrón

grau

gris

schwarz

negro

viel / wenig

mucho / poco

wütend / friedlich

enojado / tranquilo

hübsch / hässlich

lindo / feo

der Anfang / das Ende

el principio / el fin

groß / klein

grande / chico

hell / dunkel

claro / oscuro

er Bruder / die Schwester

l hermano / la hermana

sauber / schmutzig

limpio / sucio

vollständig / unvollständig

completo / incompleto

der Tag / die Nacht

el día / la noche

tot / lebendig

muerto / vivo

breit / schmal

ancho / angosto

genießbar / ungenießbar

comestible / no comestible

böse / freundlich

malo / amable

aufgeregt / gelangweilt

entusiasmado / aburrido

dick / dünn

gordo / flaco

zuerst / zuletzt

primero / último

der Freund / der Feind

el amigo / el enemigo

voll / leer

lleno / vacío

hart / weich

duro / blando

schwer / leicht

pesado / liviano

der Hunger / der Durst

el hambre / la sed

krank / gesund

enfermo / sano

illegal / legal

ilegal / legal

intelligent / dumm

inteligente / estúpido

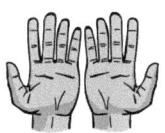

links / rechts

izquierda / derecha

nah / fern

cerca / lejos

die Gegenteile - los opuestos

neu / gebraucht

nuevo / usado

nichts / etwas

nada / algo

alt / jung

viejo / joven

an / aus

encendido / apagado

offen / geschlossen

abierto / cerrado

leise / laut

silencioso / ruidoso

reich / arm

rico / pobre

richtig / falsch

correcto / incorrecto

rau / glatt

áspero / suave

traurig / glücklich

triste / contento

kurz / lang

corto / largo

langsam / schnell

lento / rápido

nass / trocken

mojado / seco

warm / kühl

caliente / frío

der Krieg / der Frieden

guerra / paz

die Zahlen
los números

0

null

cero

1

eins

uno

2

zwei

dos

3

drei

tres

4

vier

cuatro

5

fünf

cinco

6

sechs

seis

7

sieben

siete

8

acht

ocho

9

neun

nueve

10

zehn

diez

11

elf

once

12

zwölf

doce

13

dreizehn

trece

14

vierzehn

catorce

15

fünfzehn

quince

16

sechzehn

dieciséis

17

siebzehn

diecisiete

18

achtzehn

dieciocho

19

neunzehn

diecinueve

20

zwanzig

veinte

100

hundert

cien

1.000

tausend

mil

1.000.000

million

el millón

Englisch
el inglés

Amerikanisches Englisch
el inglés americano

Chinesisch Mandarin
el chino mandarín

Hindi
el hindi

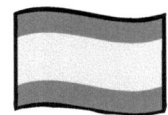

Spanisch
el español

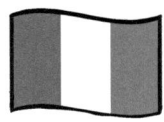

Französisch
el francés

Arabisch
el árabe

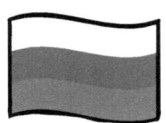

Russisch
el ruso

Portugiesisch
el portugués

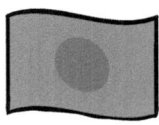

Bengalisch
el bengalí

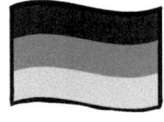

Deutsch
el alemán

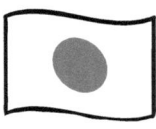

Japanisch
el japonés

ich

yo

du

vos

er / sie / es

él / ella

wir

nosotros

ihr

ustedes

sie

ellos

wer?

¿quién?

was?

¿qué?

wie?

¿cómo?

wo?

¿dónde?

wann?

¿cuándo?

Name

el nombre

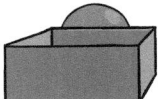

hinter

detrás

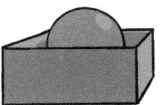

in

en

vor

adelante de

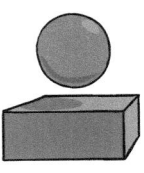

über

por encima de

auf

sobre

unter

debajo de

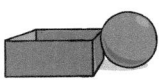

neben

al lado de

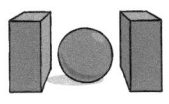

zwischen

entre

der Ort

el lugar